I0496317

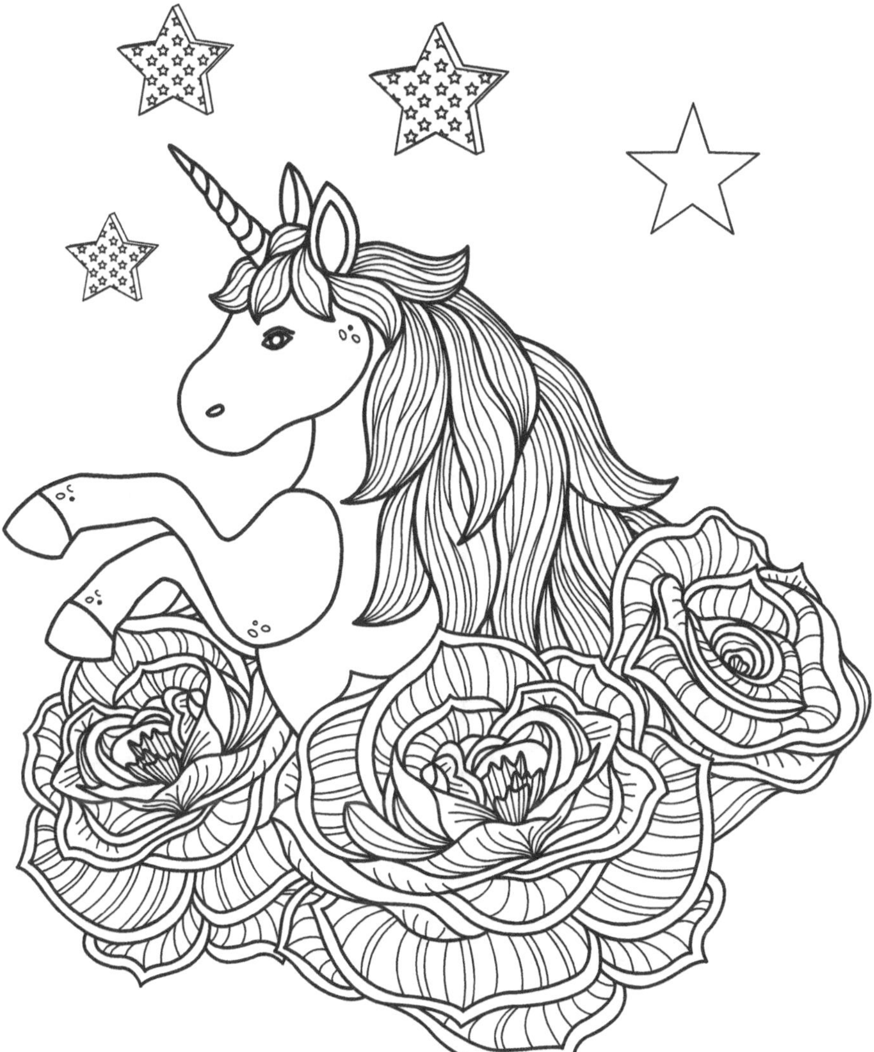

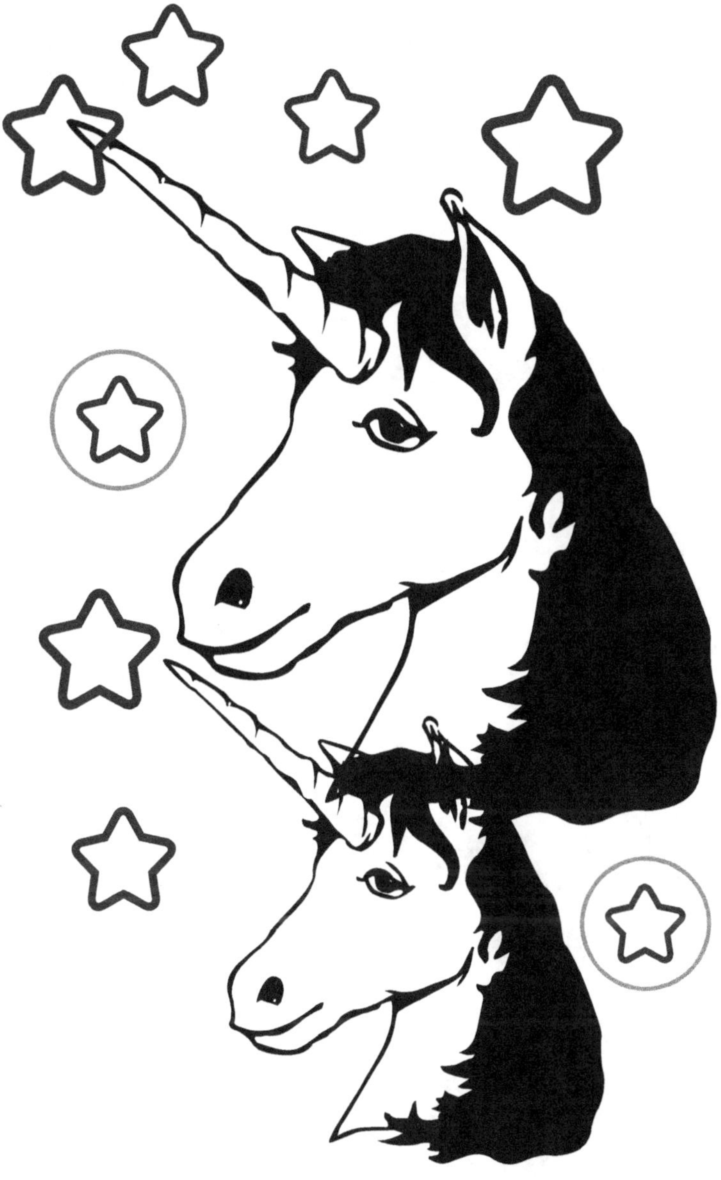

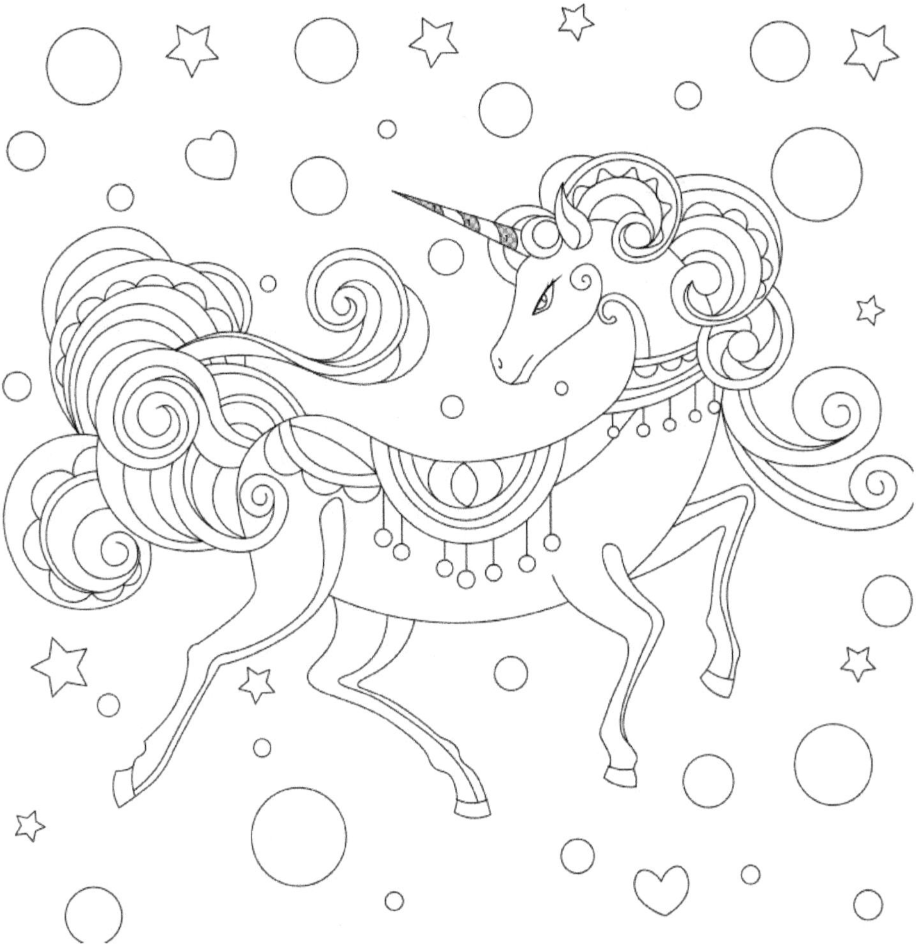

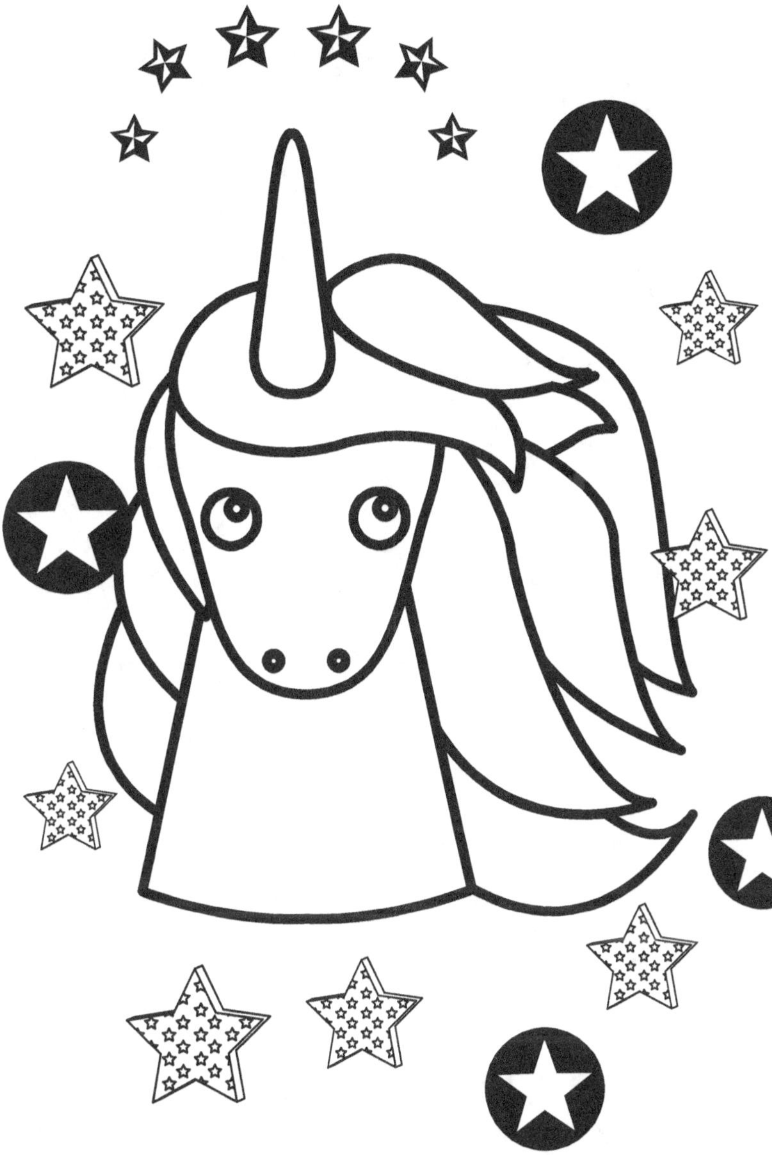

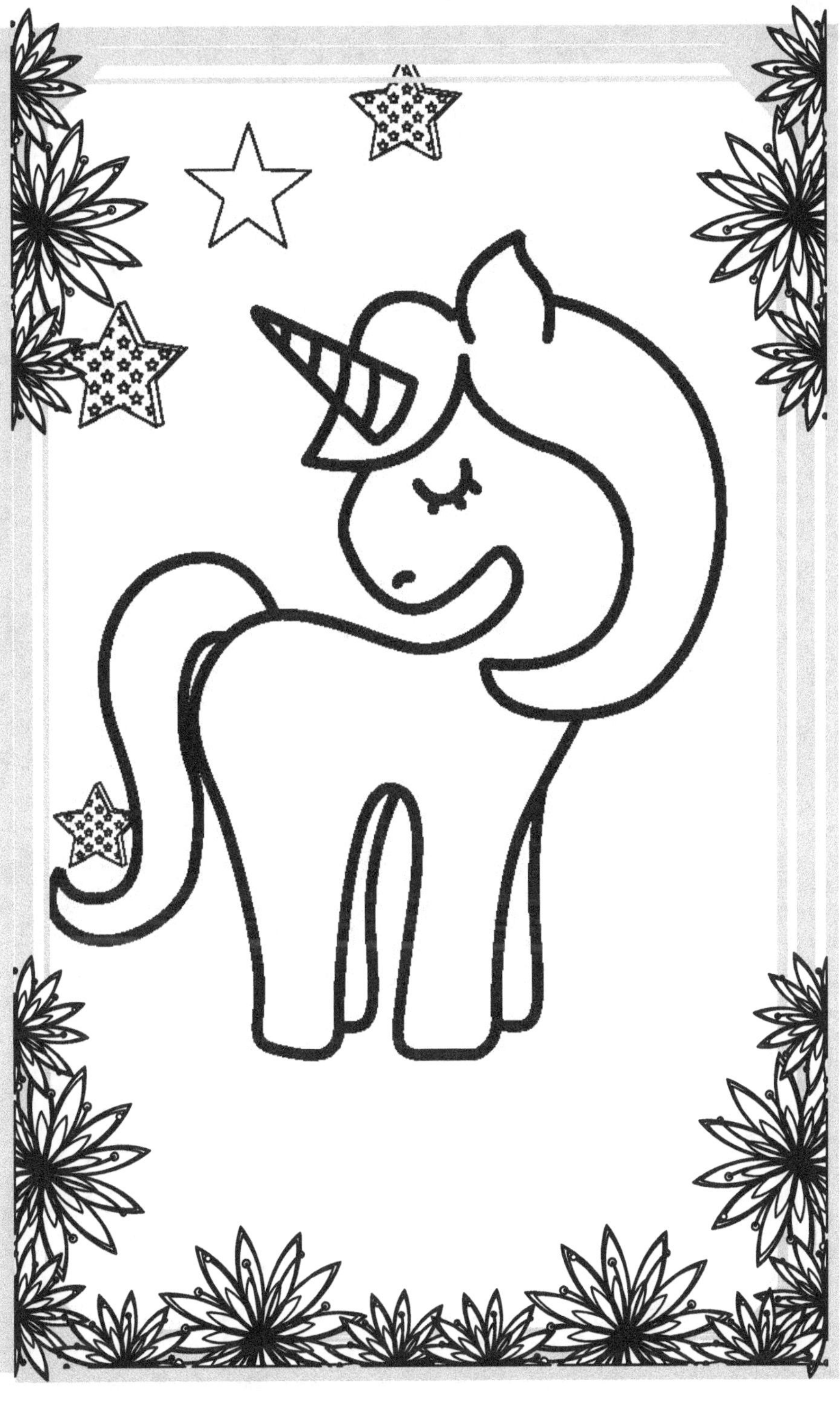

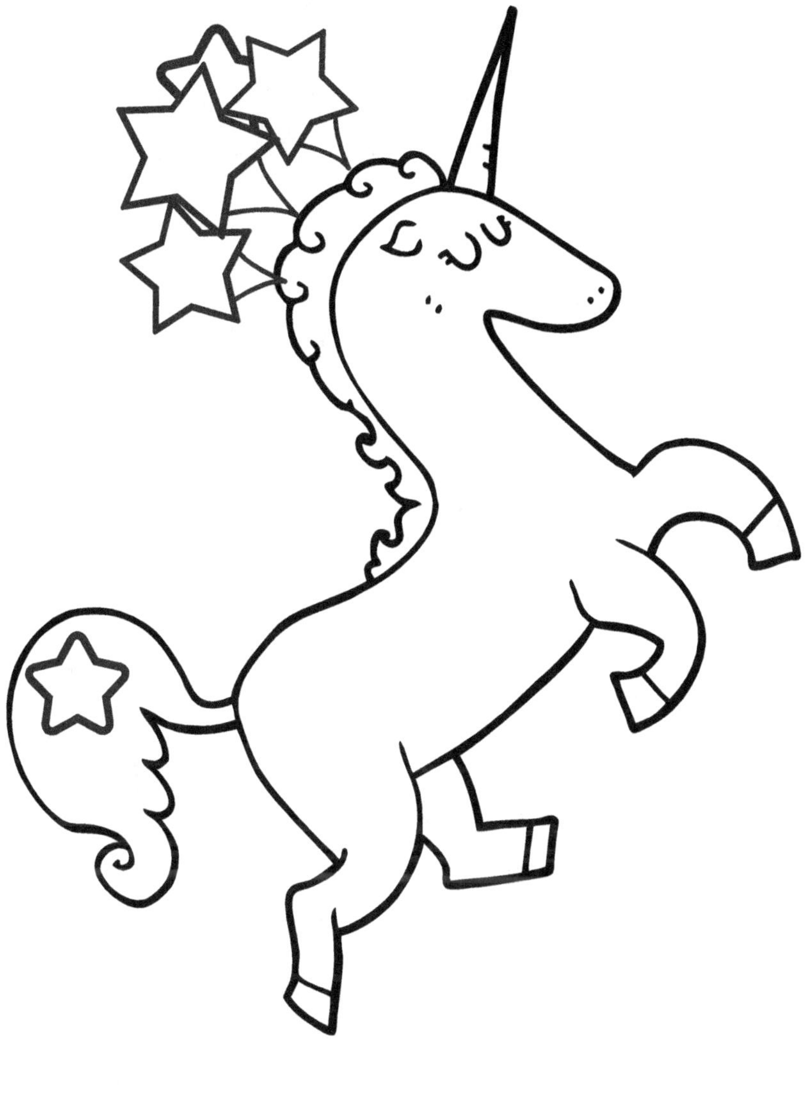

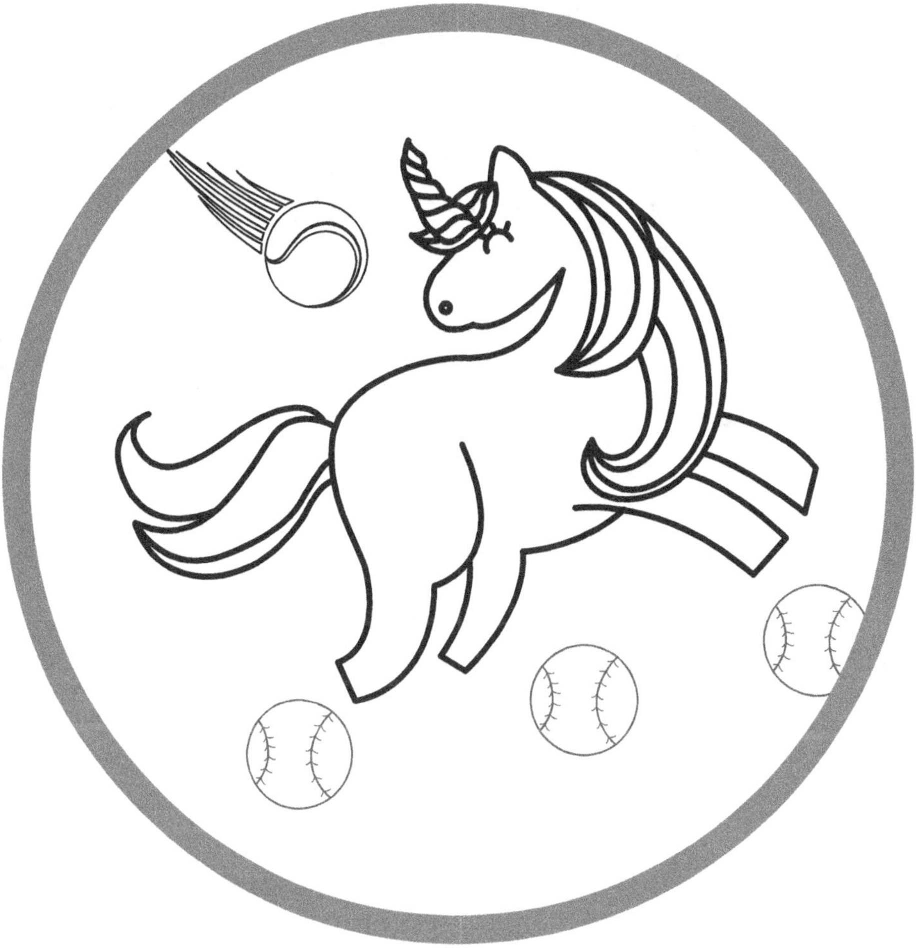

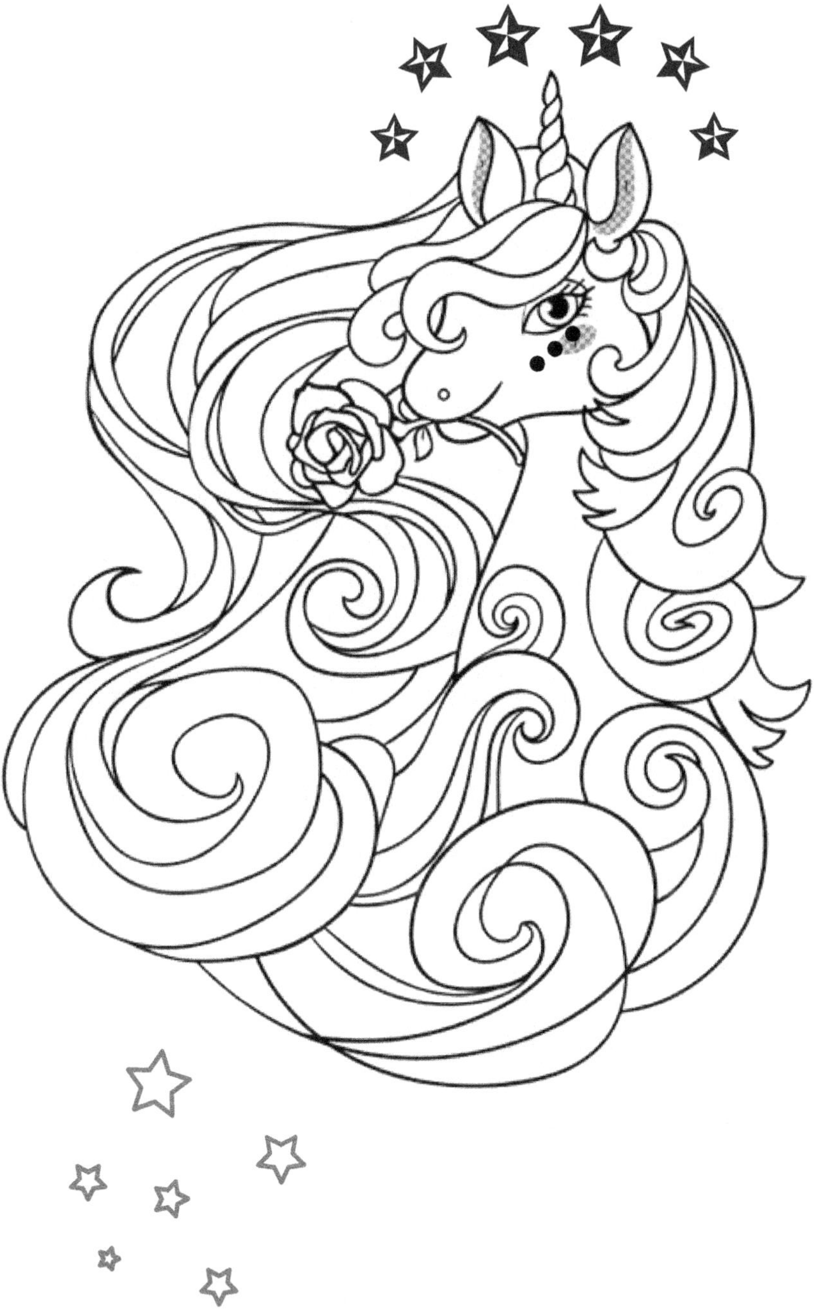

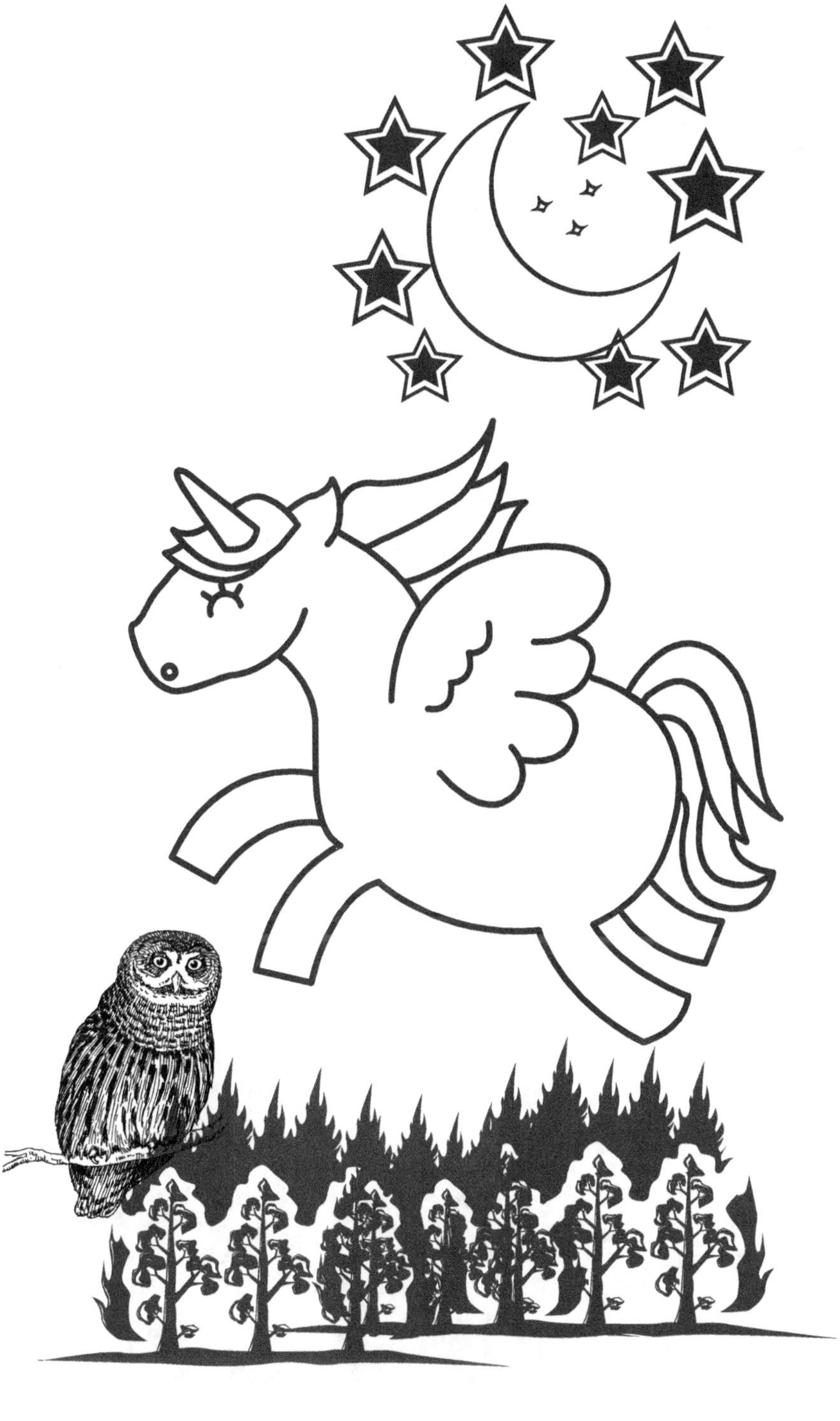

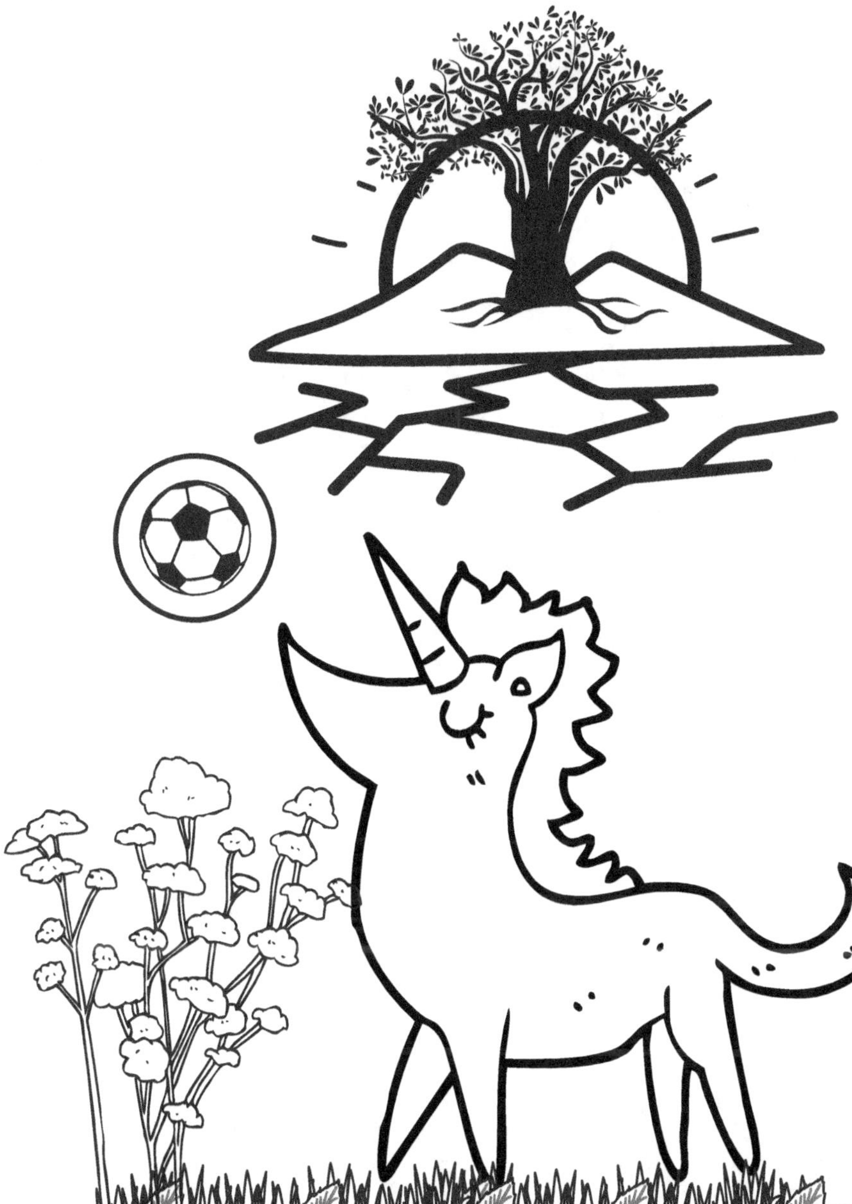

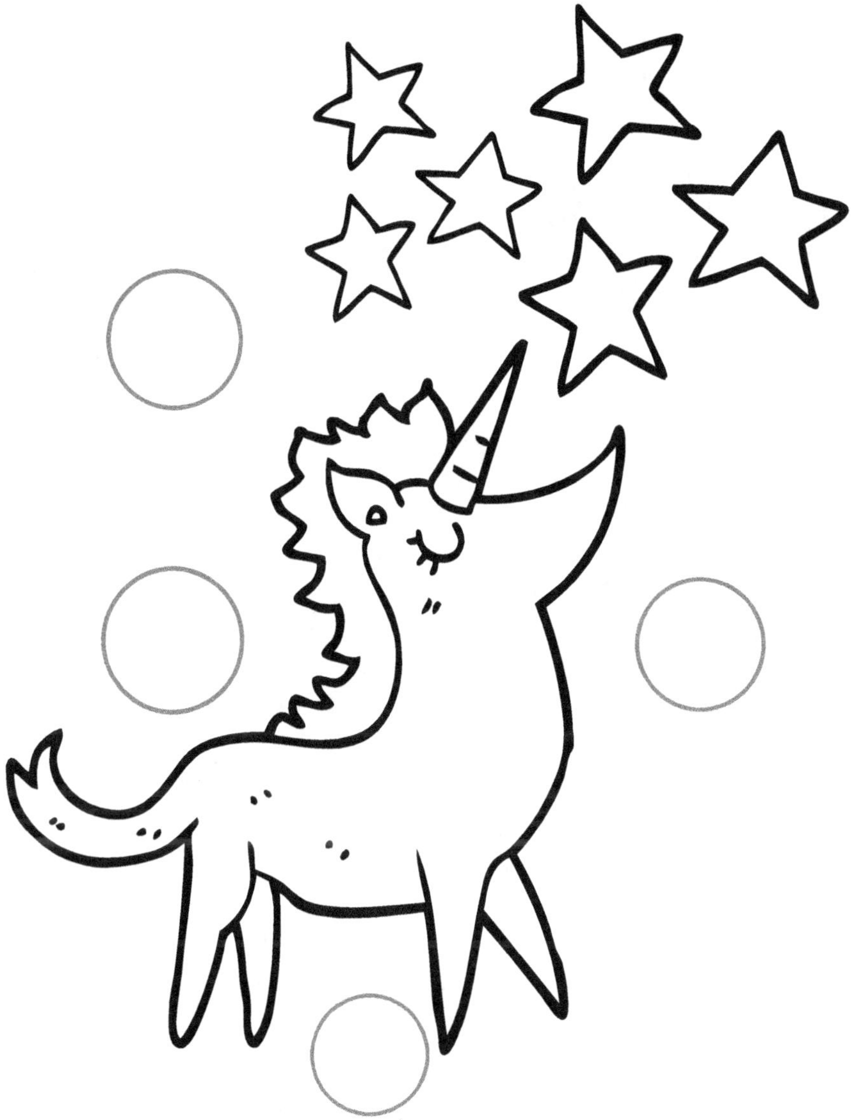

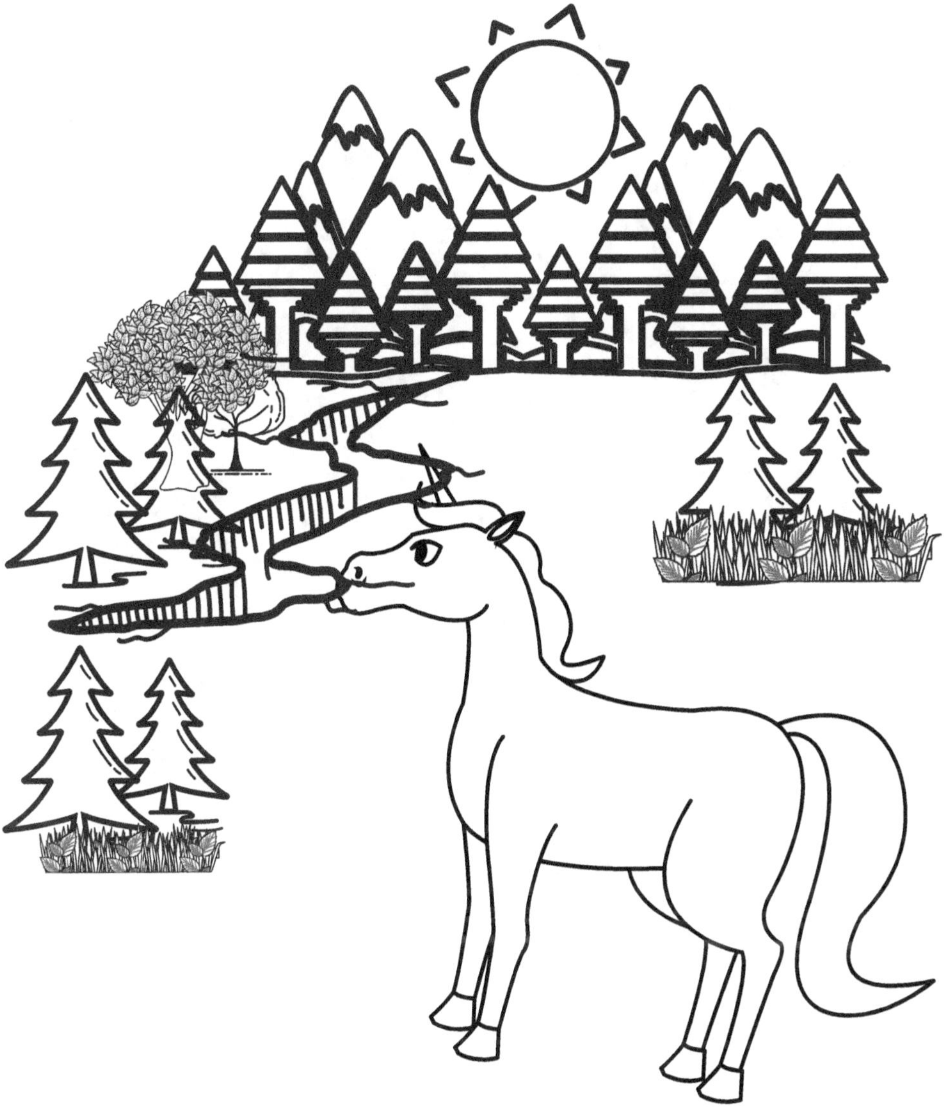

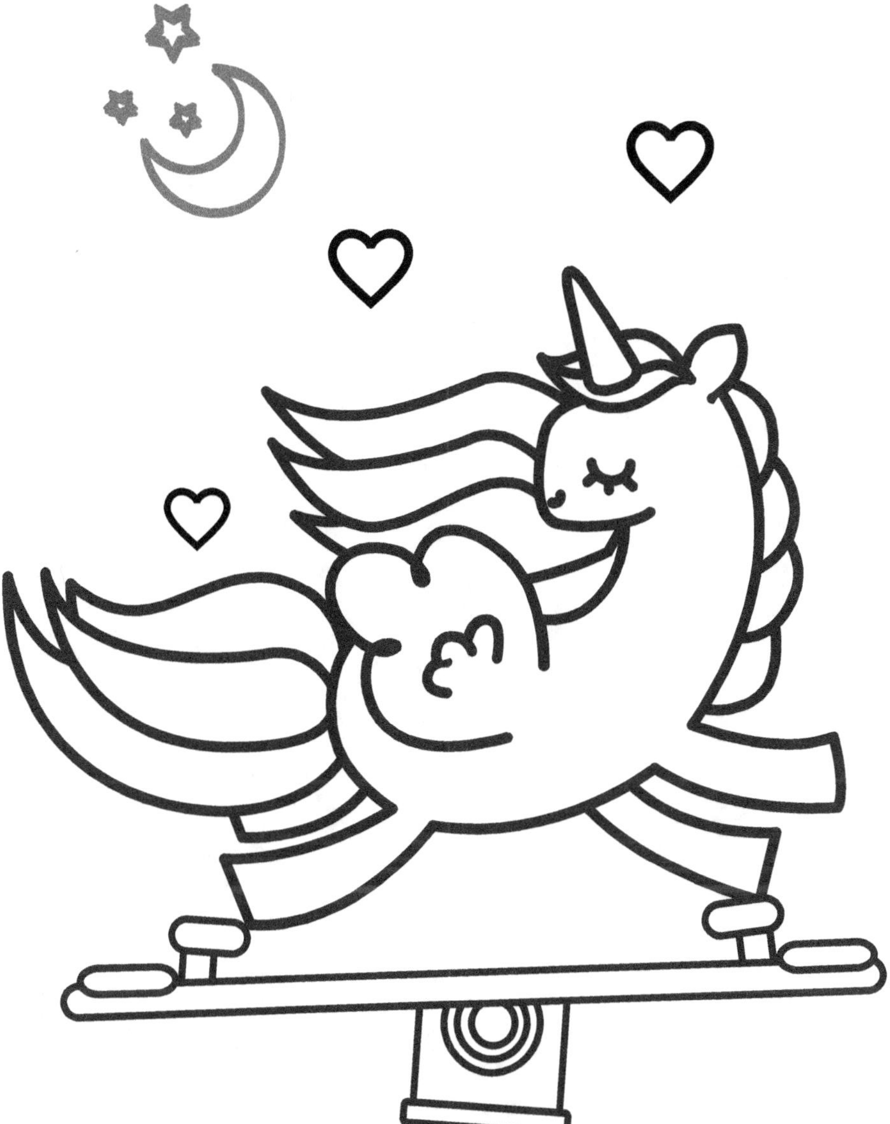

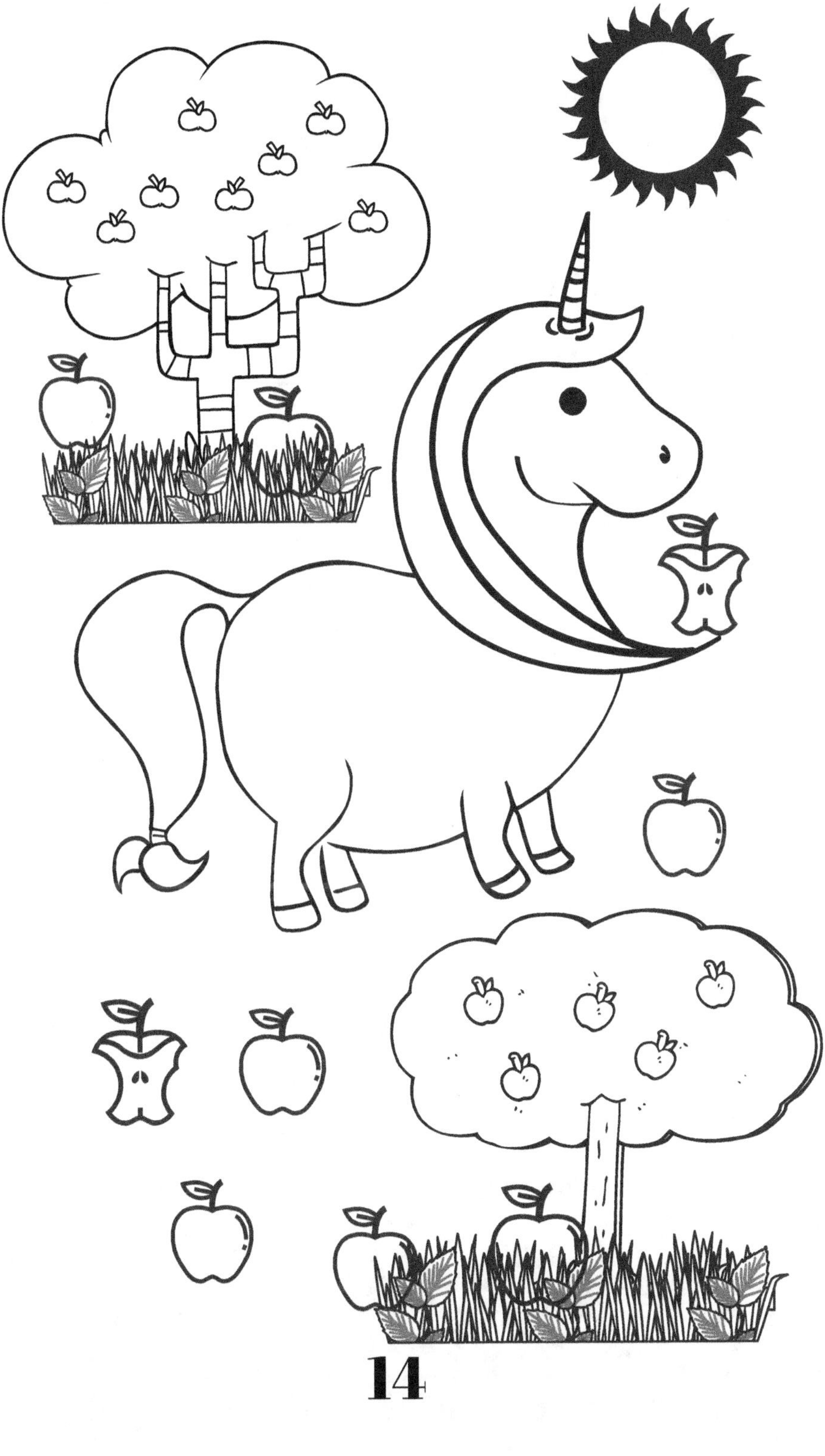

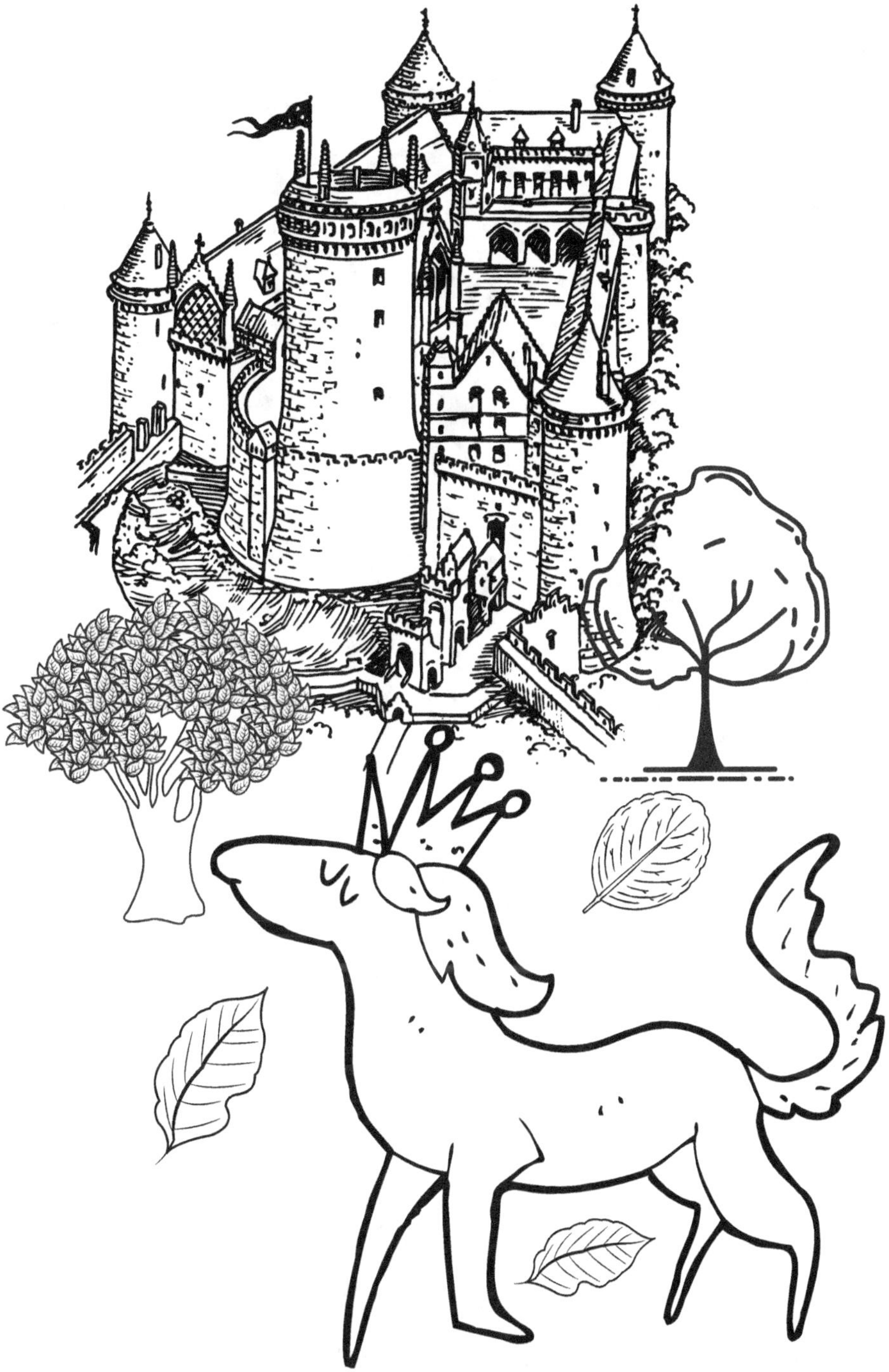

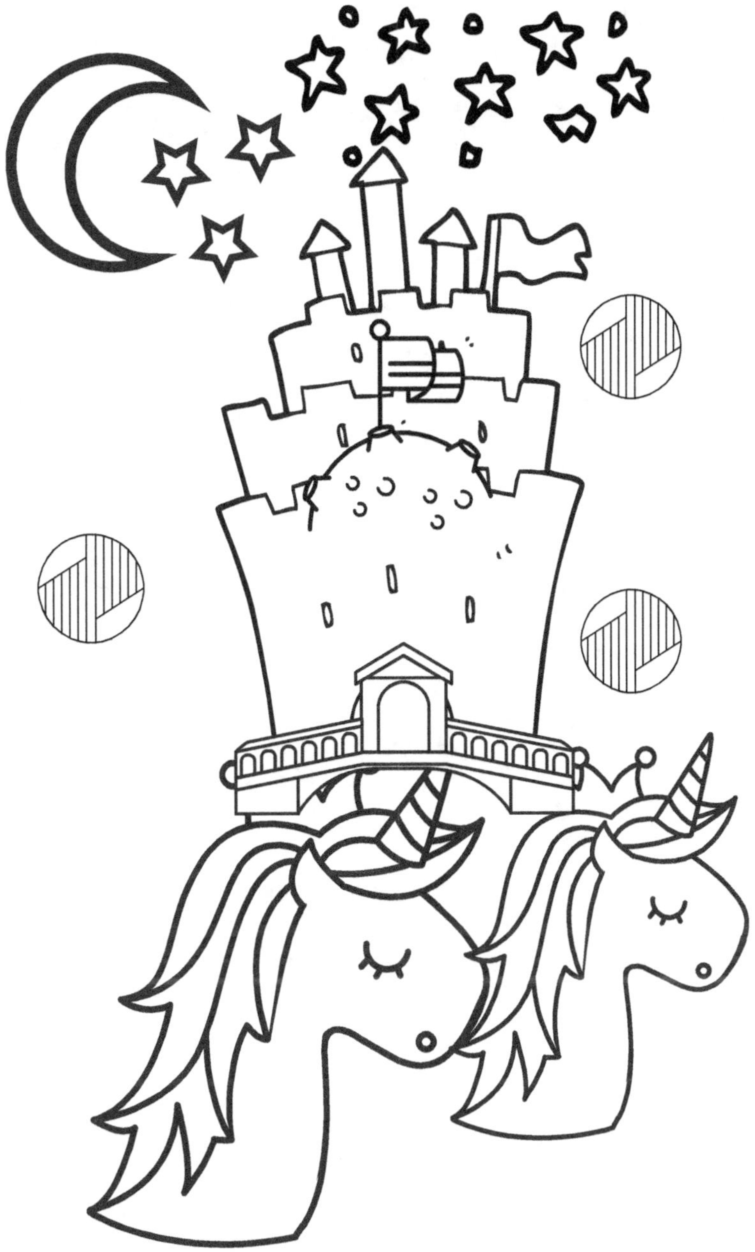

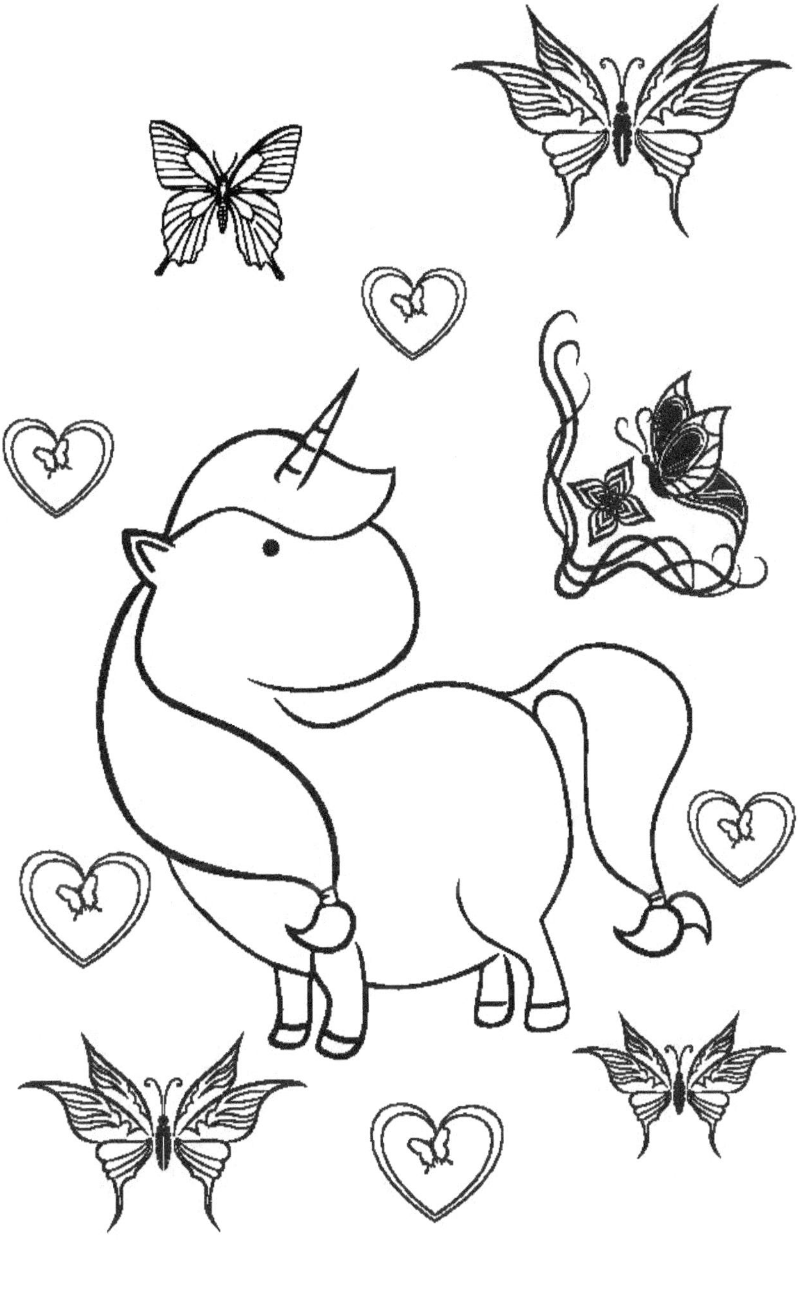

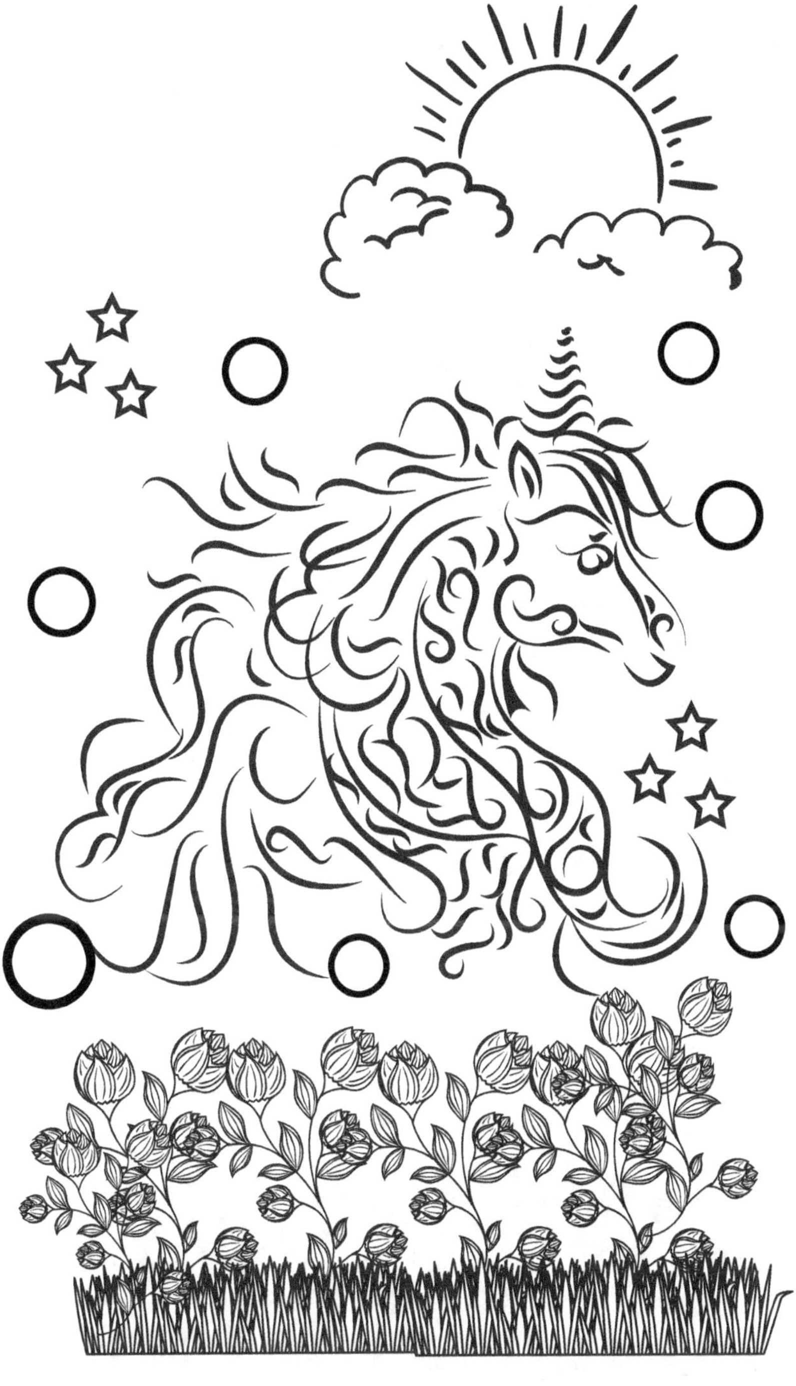

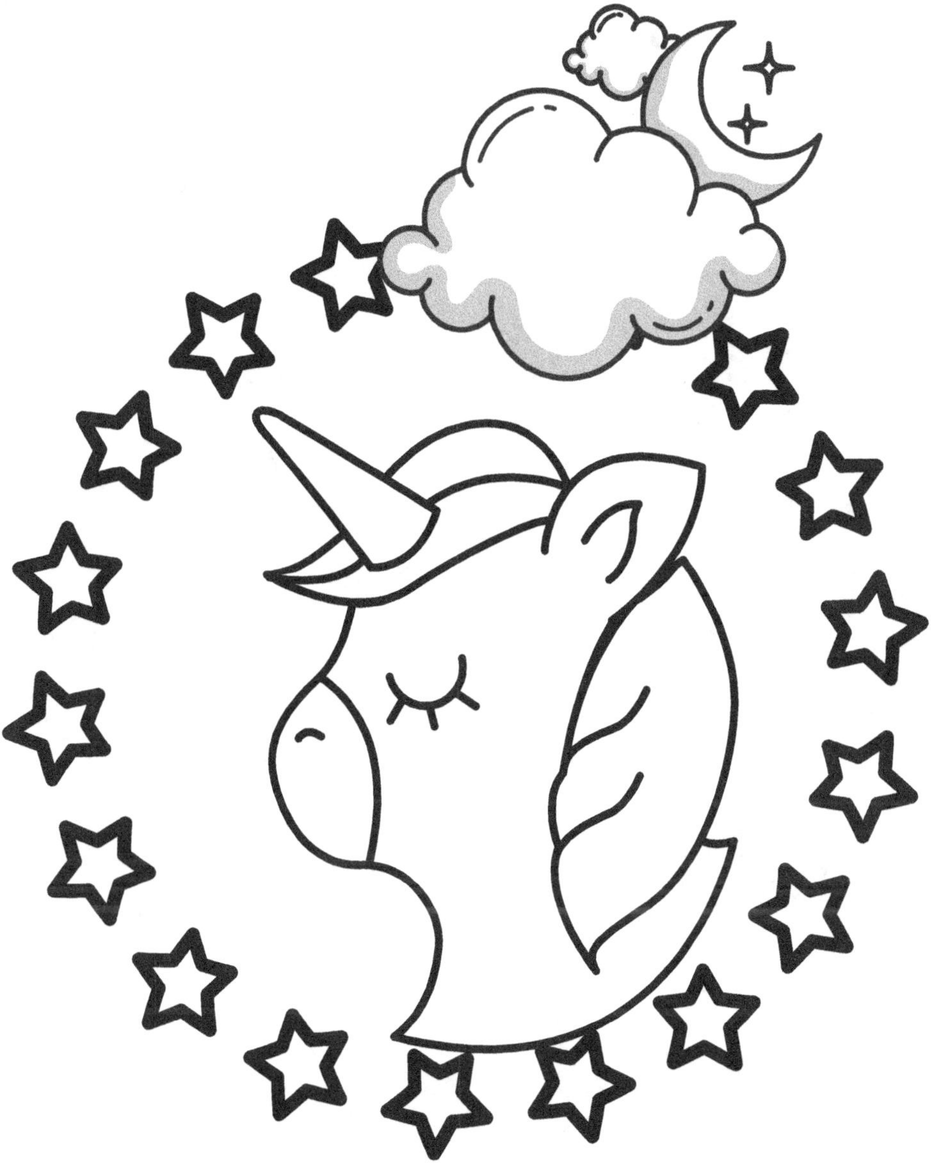

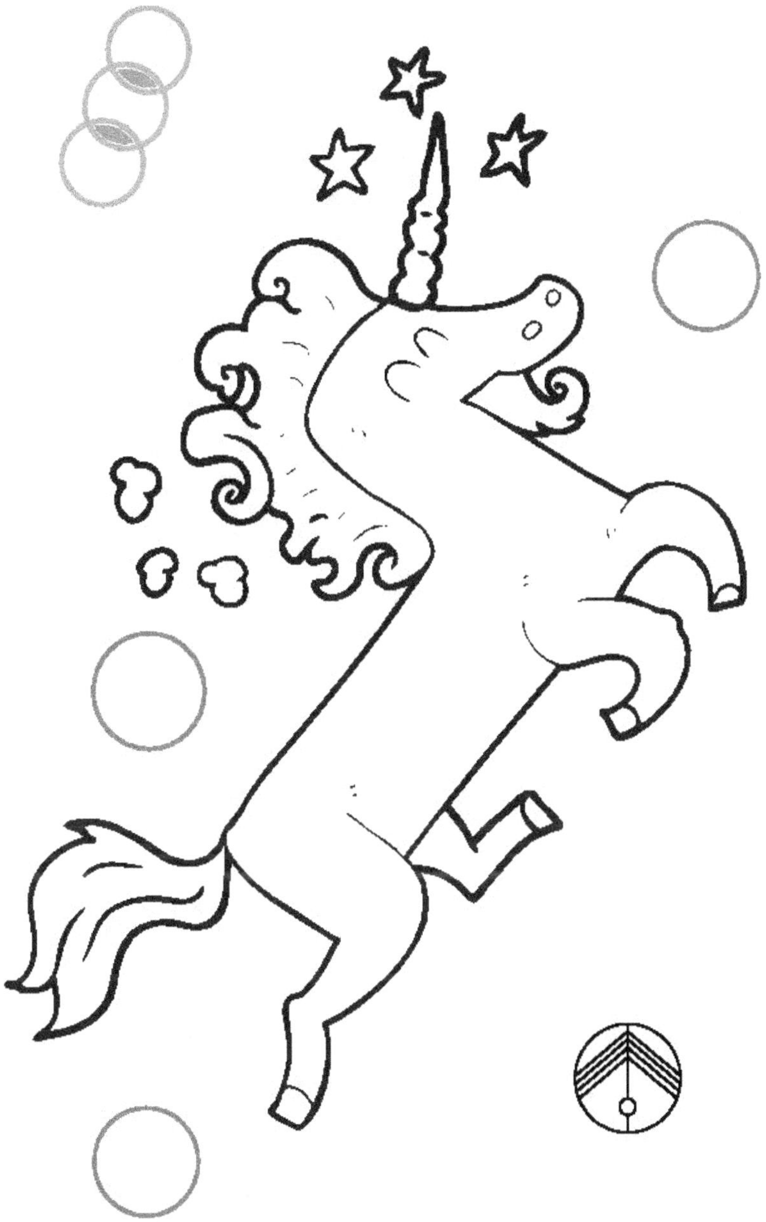

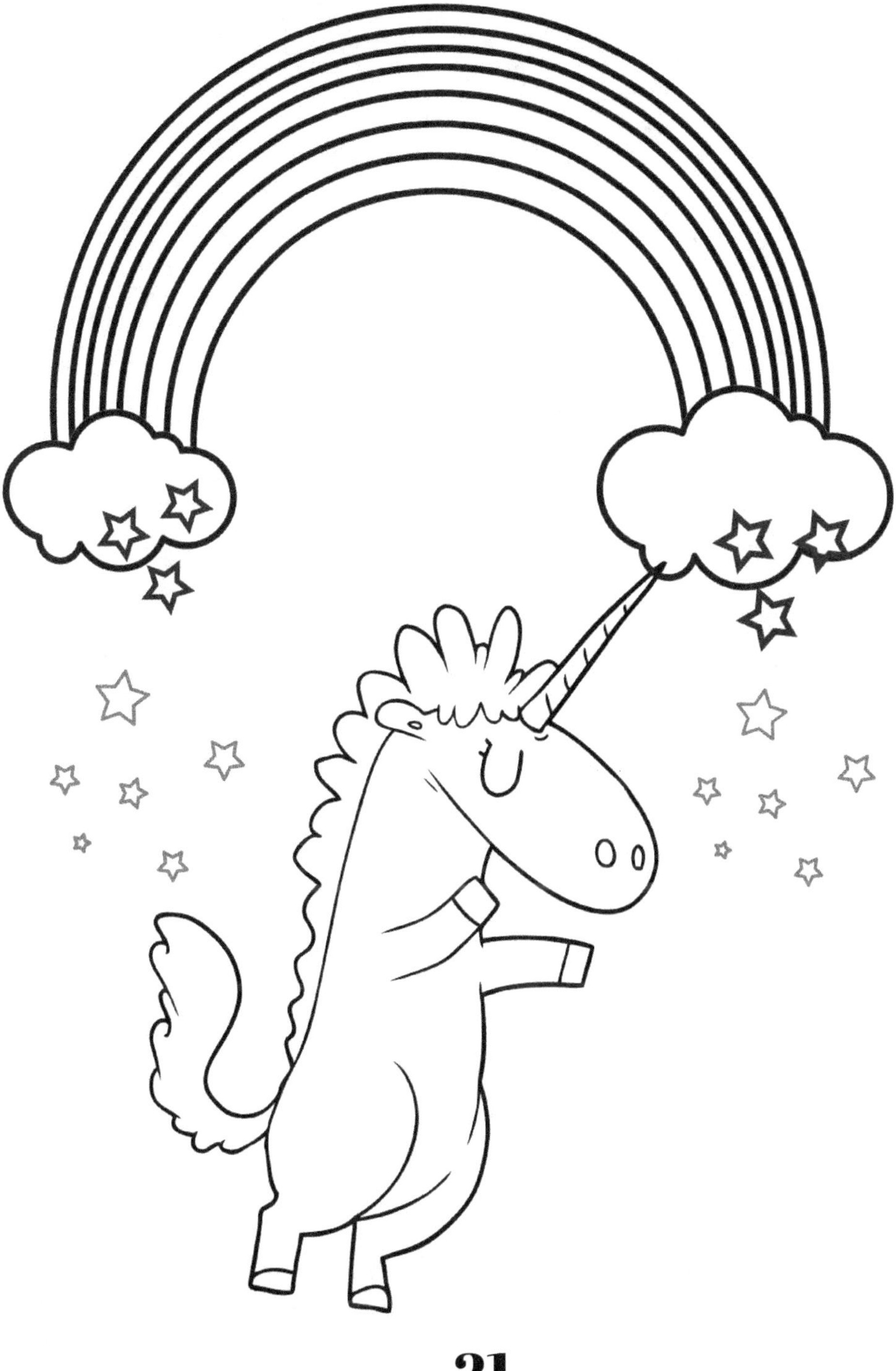

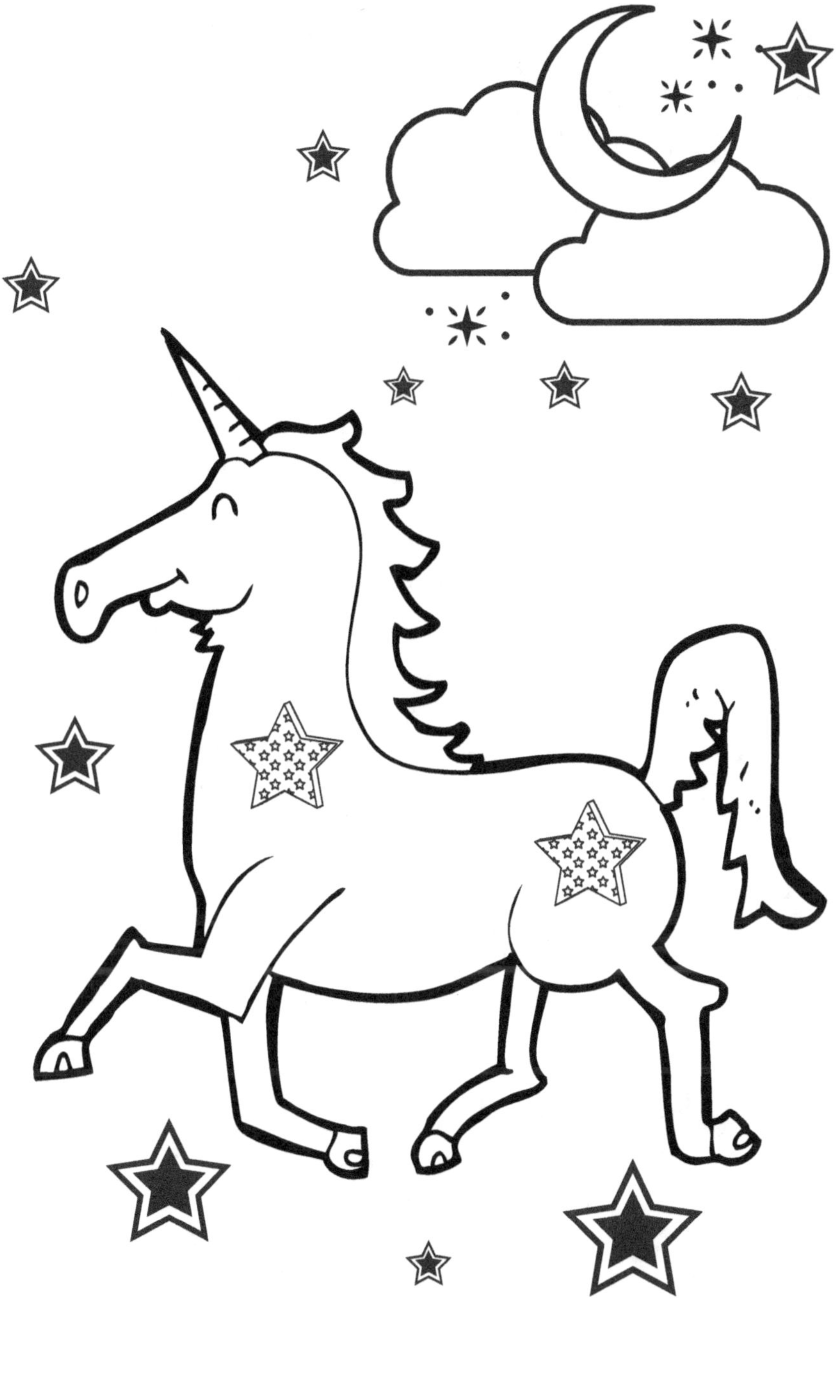

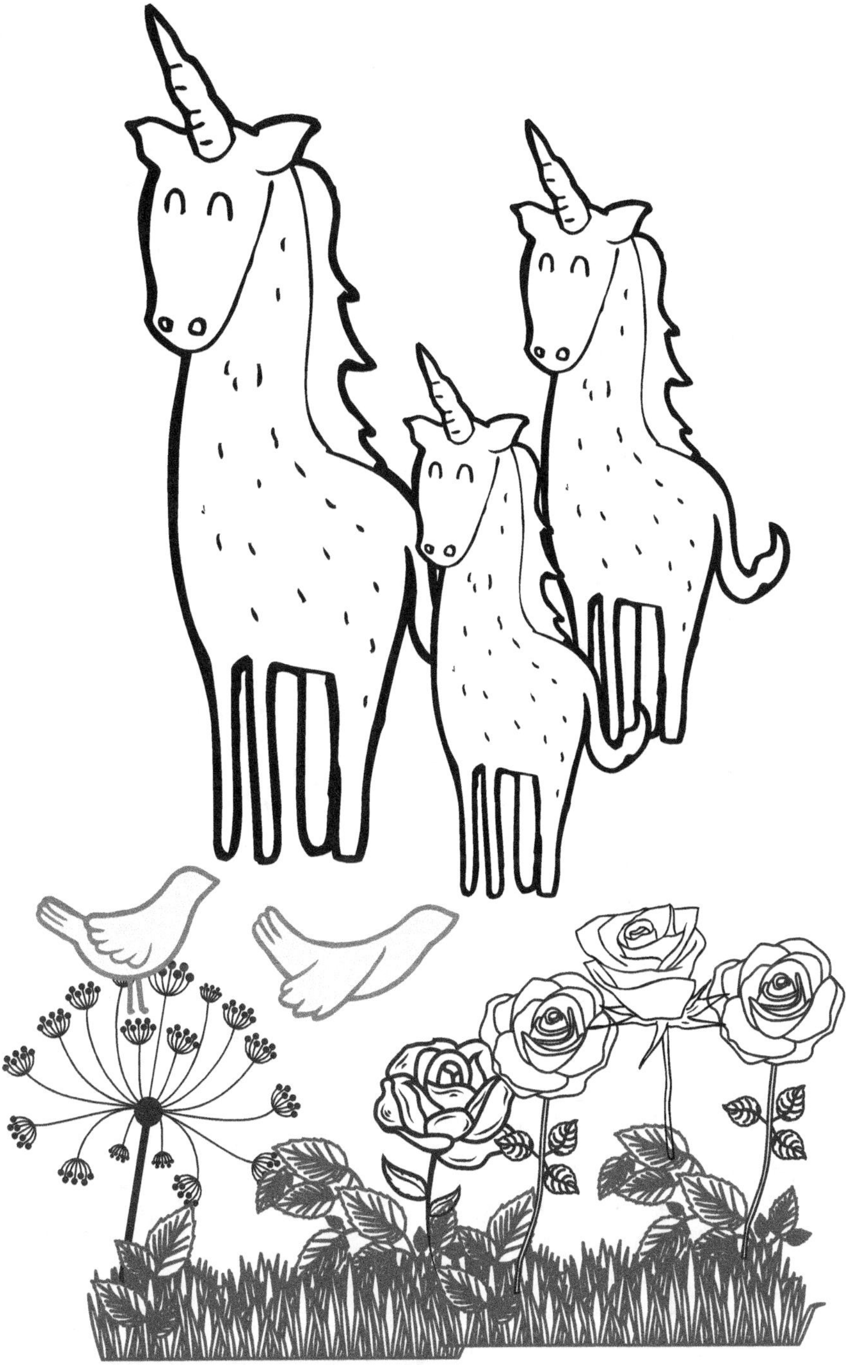

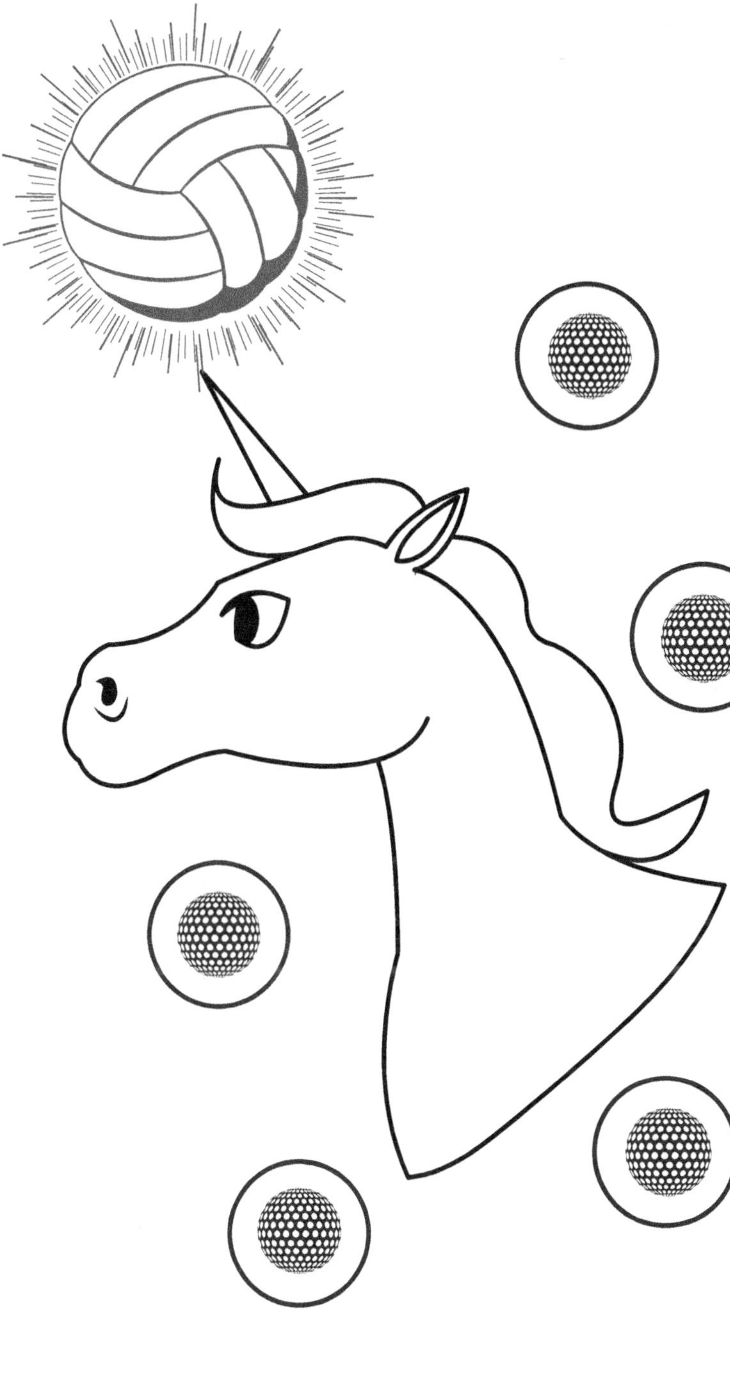

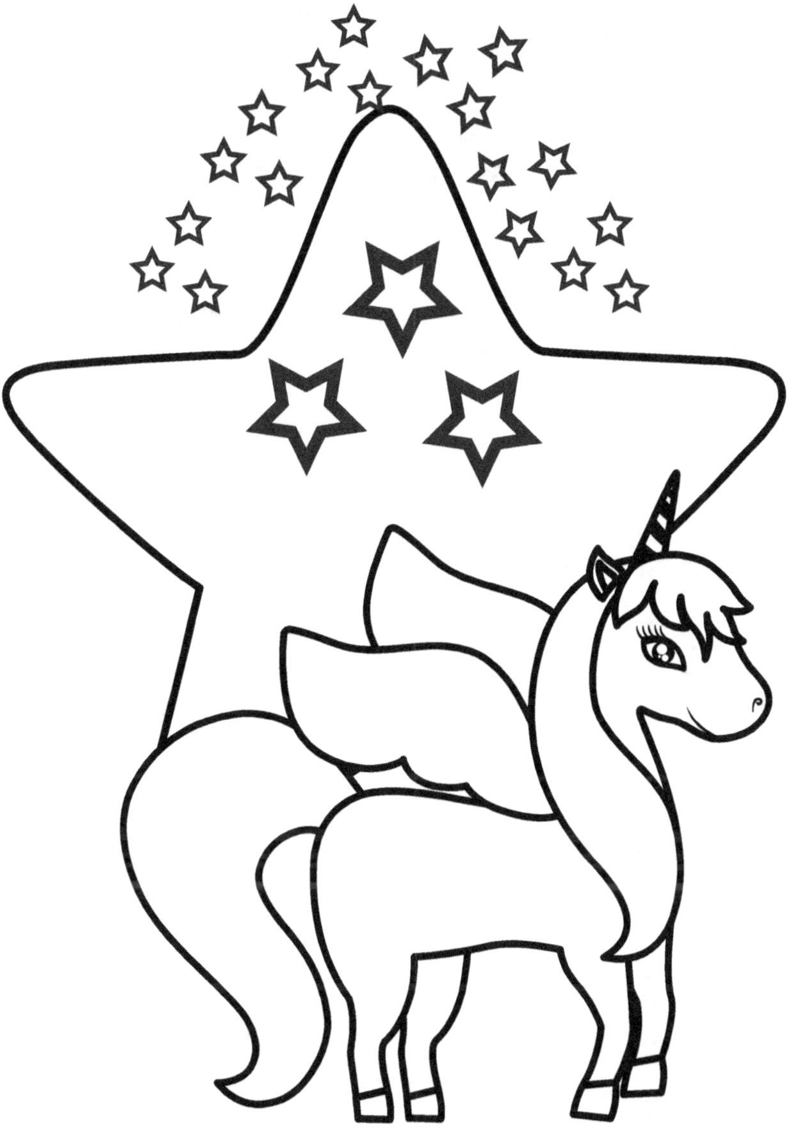

www.ingramcontent.com/pod-product-compliance
Lightning Source LLC
Chambersburg PA
CBHW071124240526
45465CB00023B/815
* 9 7 9 8 6 1 2 3 9 4 3 5 8 *